AF221514

Palermo

lieben lernen

*Der perfekte Reiseführer für einen unvergessli-
chen Aufenthalt in Palermo inkl. Insider-Tipps,
Tipps zum Geldsparen*

Claudia Hapke

Alle Ratschläge in diesem Buch wurden sorgfältig erwogen und geprüft. Eine Garantie kann dennoch nicht übernommen werden. Eine Haftung für jegliche Personen-, Sach- und Vermögensschäden ist daher ausgeschlossen. Die Benutzung dieses Buches und die Umsetzung der darin enthaltenen Informationen erfolgt ausdrücklich auf eigenes Risiko.

✈ INHALT

Das erwartet Sie in diesem Buch

Sie werden sich vielleicht fragen: So ein kurzer Reiseführer für eine so große Stadt? Da haben Sie recht. In diesem Rahmen kann man dem Umfang herkömmlicher Reiseliteratur natürlich nicht gerecht werden. Darum werde ich Ihnen am Ende einige Empfehlungen geben, wo Sie sich ausführlich informieren können.

Ich möchte Sie hier an meinen persönlichen Erfahrungen teilhaben lassen, an meinen Eindrücken der schönsten Stadt, in der ich jemals gewesen bin. Es ist also eher ein Reisebericht, der auch einige praktische Hinweise enthält, die in einem herkömmlichen Reiseführer so vielleicht nicht zu finden sind. Vor allem aber möchte ich Ihnen Lust auf Palermo machen und Ihnen einen Einblick geben, was Sie dort erwartet.

Bei einer persönlichen Empfehlung ist es sicherlich nicht schlecht zu wissen, von wem man sie überhaupt bekommt. Darum möchte ich mich kurz vorstellen: Mein Name ist Claudia. Ich reise sehr gerne. Aus Zeit- und Kostengründen bin ich allerdings nicht ständig in der Welt unterwegs. Daher sind meine Reiseziele sorgfältig gewählt und ich achte auf das Budget. Ich bin eine Großstädterin mittleren Alters und reise ohne Kinder. Museums-, Theater- oder Konzertbesuche gehören für mich bei einer Städtereise dazu. Aber am meisten liebe ich es, mich treiben zu lassen und das Leben in den Straßen zu beobachten, um etwas über den Alltag und die Lebensumstände der Menschen zu erfahren. Wenn ich genug vom städtischen Trubel habe, zieht es mich raus in die Natur.

Ich hoffe, dass Ihnen mein Bericht hilfreich bei den allerersten Überlegungen der Reiseplanung ist: Ist Palermo das richtige Reiseziel für mich? Wann und für wie lange fahre ich da hin? Welche Kosten muss ich einplanen?

Drei Fragen

*I*talien ohne Sizilien macht gar kein Bild in der
Seele. Hier ist erst der Schlüssel zu allem.

Johann Wolfgang von Goethe

1. SIE MÖCHTEN DEM ALLTAGSSTRESS ENTFLIEHEN UND SICH MAL WIEDER RICHTIG ERHOLEN?

Da ist eine Städtereise generell vielleicht nicht die beste Idee. Na gut, nehmen wir zum Beispiel Wien. Das wäre ja denkbar: durch die Altstadt bummeln, Kaffeehäuser besuchen und abends in ein Konzert gehen. Sie kämen aber wahrscheinlich nicht auf die Idee, zur Erholung nach New York zu reisen. Mit über einer halben Million Einwohnern ist Palermo im Vergleich zu Wien oder New York ein Städtchen.

Bemühen wir einfach mal die Klischees und vergleichen das Temperament eines Wieners mit dem eines Sizilianers. Bei Temperament denke ich sofort an Lautstärke. Und das ist auch das Erste, was mir in den Sinn kommt, wenn ich an Palermo denke. Es ist ja schon fast im Namen enthalten: Lärm! Auch an Plätzen, an denen sich der Autoverkehr in Grenzen hält, wird den Ohren eine unglaubliche Soundkulisse geboten.

Entfliehen kann man dem Krach gelegentlich in den vielen kleinen Gassen, was aber nicht ausschließt, dass sich auch dort irgendwer oder irgendwas um die Fortführung der Beschallung bemüht.

Man findet in der dicht bebauten Altstadt nur wenige Grünanlagen, die zum Entspannen einladen und in denen man Ruhe findet. Eine der seltenen Oasen der Stille ist der Botanische Garten, an den auch eine frei zugängliche Parkanlage grenzt. Hier kann man viele exotische Pflanzen bewundern, welche im sizilianischen Klima wunderbar gedeihen. Der Lärm der Stadt ist nur leise aus der Ferne zu hören. Hier kann man sich erholen und mal durchatmen, bevor es weitergeht mit der Jagd durch die Gassen.

Mit dem Ziel, die Stadt zu erkunden, verläuft sich der Tourist in einem Labyrinth schmaler Straßen, umgeben von imposanten Bauten, die in der Proportion nicht richtig dazu zu passen scheinen. Er staunt über sich unvermittelt auftuende Plätze und gewinnt die Orientierung erst an einer der großen Hauptstraßen wieder, um sie kurz darauf erneut zu verlieren.

So kann es passieren, dass er mitten in solch einer Schlucht den plötzlichen Wunsch verspürt, den Blick in die Ferne schweifen zu lassen. Langsam kommt ihm die Erinnerung, dass er hier durch eine Stadt irrt, die sich am Meer befindet. Als er endlich aus dem Labyrinth dorthin gefunden hat, verschafft ihm der Spaziergang am Meer wieder Weit- und Durchblick. Beim Bummel am Hafen kommt er zunehmend zu Atem. Vor Lärm ist er hier aber nicht geschützt. Die Uferpromenade von Palermo ist eine der wichtigsten Hauptverkehrsstraßen.

Nun wissen Sie, wie es um die Ruhe in Ihrem „Palärmo-Urlaub" bestellt ist. Vergessen Sie es. Es ist laut und Sie sind ständig auf Achse. Wenn Sie Erholung wünschen, so ist das möglich, aber Sie müssen es gut organisieren:

- Planen Sie Ruhepausen, unter Berücksichtigung der wenigen Orte, die dafür in Frage kommen, fest in Ihren Tagesablauf ein!
- Achten Sie auf ausreichend Schlaf! Dazu richten Sie am besten Ihren Tagesablauf am Lärmpegel der Stadt aus, das heißt, zeitig ins Bett gehen und früh aufstehen. Bei einem Hotel in zentraler Lage ist vielleicht auch ein Mittagsschlaf denkbar. Die Mittagszeit ist, wie in den meisten südlichen Ländern, etwas ruhiger. Viele Geschäfte haben geschlossen, man ist weniger betriebsam, um danach nochmal richtig durchzustarten. Da man aber davon ausgehen muss, dass sich mit hoher Wahrscheinlichkeit in Ihrer Unterkunft Italiener befinden werden, in Form von Gästen oder Personal, ist das mit dem Mittagsschlaf keine sichere Nummer.

Wenn Sie am Nachtleben von Palermo teilnehmen wollen, entscheiden Sie sich definitiv gegen die Option Erholung. Eine aufregende Nacht ist kräftezehrend, eine geeignete Unterkunft zur Rekonvaleszenz schwer zu finden. Ist man dann einmal schwach, ist es natürlich auch schwer, den Verlockungen der nächsten Nacht zu widerstehen. Wollen sie aus Ihrem Urlaub nicht zurückkommen wie nach einem 40-Stunden-Rave, sollte man eine Unterkunft außerhalb in Betracht ziehen.

Ich werde Ihnen später noch Tipps für Ausflüge in die Umgebung geben, da gibt es jede Menge zu entdecken und diese Ausflüge beruhigen die Nerven. Oder Sie machen es ganz clever: Nach dem ganzen Trubel verabschieden Sie sich schweren Herzens von Palermo und verbringen noch ein paar Tage in einer ruhigeren Gegend Siziliens. Das halte ich für die beste Variante. Wenn Sie nur nach Palermo fahren, verpassen Sie zu viel von dieser einzigartigen Insel. Diese Variante könnte Sie davor bewahren, als Ohrwurm keinen Urlaubshit, sondern die Sirenen der Polizeiautos mit nach Hause zu nehmen.

Den Urlaub mit Kindern in Palermo stelle ich mir stressig vor, wobei es ja durchaus auch kleine Museumsfreaks gibt, allerdings weiß ich nicht, ob Kinder hier auf ihre Kosten kommen. Da würde ich auch eher eine Unterkunft außerhalb der Stadt empfehlen. Sie sollten dann unbedingt darauf achten, dass es einen Garten zum Spielen gibt. Auch wenn Palermo von viel Grün umgeben ist, heißt das nicht, dass Sie sich frei in der Natur bewegen können. Große aneinandergrenzende Grundstücke und Farmen reichen direkt bis an die Straße. Sie sind ummauert oder von hohen Zäunen umgeben.

Die Einfahrtstore unterscheiden sich zwar in ihrer Ästhetik, nicht aber in ihrer Funktion von Gefängnistoren. Als Hundeliebhaber können Sie auf Sizilien eine Antipathie gegen diese Tiere entwickeln, wenn diese als überambitionierte Verteidiger von was auch immer plötzlich lautstark an jedem dieser Zäune hängen, sobald Sie sich nur in die unmittelbare Nähe begeben. Ich hatte ein absurdes Erlebnis bei einer Fahrradtour durch die einsame Wildnis Siziliens: An einer wenig, aber doch befahrenen Straße stellte es sich als große Schwierigkeit heraus, mal kurz hinter einem Busch zu verschwinden.

Bei einer Reise mit Kind wäre auch eine Unterkunft am Strand denkbar. Für einen kurzen Abstecher zur Kinderbespaßung zwischen Museum und Shopping sind die Strände doch etwas zu weit entfernt vom Stadtzentrum. Die mögliche Nutzung der Strände um Palermo ist von den Jahreszeiten abhängig. Im Winter wird es herrlich einsam sein. Ein kurzer Sprung ins Wasser ist für die Abhärtung sicher gut. Im Frühling ist der deutsche Tourist erstaunt, wie wenige Menschen das Strandwetter nutzen und der Italiener ist erstaunt, dass jemand freiwillig in die kalte Brühe geht.

Im Sommer haben Sie den Eindruck, es handele sich hier um den einzigen Strand in Italien. In sengender Hitze wird hier dicht an dicht gemeinschaftlich das Thema Hautkrebs ignoriert. Im Herbst könnten Sie dann feststellen, dass dem doch nicht so war, denn unter dem ganzen Müll, der da liegen geblieben ist, lassen sich auch ein paar leere Sonnencremes ausmachen. Der Strand ist demnach auch mäßig besucht, denn es ist schwierig, zwischen dem ganzen Müll ein gemütliches Plätzchen zu finden. Der Mensch verzieht sich also und bis zum Frühjahr hat das Meer den ganzen Müll dann auch wieder abgeholt.

Müll ist auch Bestandteil der nächsten Frage, die Sie sich stellen müssen, um herauszufinden, ob Sie für den Trip nach Palermo geeignet sind.

2. ORDNUNG MUSS SEIN. AUCH IM URLAUB?

Ordnung und Sauberkeit sind Ihnen wichtig? Sie legen Wert auf geregelte Abläufe und mögen keine unangenehmen Überraschungen? Das kann ich verstehen. Sie sollten sich aber überlegen, ob Sie im Urlaub davon nicht mal Abstand nehmen können. Sich einmal außerhalb der gewohnten Regeln zu bewegen, Ansprüche zu überdenken und andere Maßstäbe zu setzen, kann eine Bereicherung sein, wenn man dafür bereit ist.

Wir erwägen hier gerade eine Reise in ein europäisches Land mit westlicher Kultur und planen nicht Ihren Hippie-Trip per Anhalter durch Indien. Sie waren ja auch schon mal in Italien und wissen, dass man da in manchen Dingen etwas lockerer ist. Wenn Sie nach Sizilien reisen, reisen Sie in den südlichsten Teil Italiens, der nicht nur durch seine Lage als Insel vom Rest Italiens etwas entfernt ist. Sie begeben sich nicht nur geographisch, sondern auch kulturell auf eine Reise in Richtung Afrika.

Dieser Aspekt und die damit verbundene Geschichte der Insel prägen Sizilien. Sie werden andere Gegebenheiten vorfinden als beispielsweise in Norditalien.

Palermo hat mit vielen Städten, die einen großen Bestand an historischer Architektur haben, gemein, dass sie nicht so herausgeputzt sind, da es kaum möglich ist, den Aufwand einer Komplettsanierung zu betreiben. Auch sind die Ansprüche an das Erscheinungsbild einer Stadt wohl etwas anders als bei uns in Deutschland. Zum Glück. Wer den maroden Charme solcher Städte liebt, wird in Palermo voll auf seine Kosten kommen. Die geballte Dichte imposanter Architektur macht allein die Instandhaltung zu einer kaum zu bewältigenden Herausforderung. An Sanierung ist hier nicht zu denken.

Die für uns gewohnte Sauberkeit und hygienischen Standards werden Sie in Unterkünften, Restaurants und anderen Einrichtungen natürlich nicht vermissen. Wenn Sie aber bei Ihrer letzten Reise nach Verona besonders beeindruckt waren von den sich spiegelnden, blank polierten Bürgersteigen aus Veroneser Marmor, sollten Sie eine Erwartung diesbezüglich an Palermo schnell verwerfen. Palermo ist dirty. Sizilien ist dirty.

Ganz Sizilien hat ein Müllproblem. Das haben wir natürlich weltweit. In den westlichen Ländern sind wir nur gut in der Lage, dies geschickt zu kaschieren, so dass wir mit dem Anblick unserer Müllmassen im Alltag nicht konfrontiert werden. Sizilien hat ein sichtbares Müllproblem. Vielen Sizilianern fällt der Müll einfach aus der Hand, was vielleicht auch daran liegt, dass sie nicht so recht weiß wohin damit - zu viel Müll, zu wenig Entsorgung. Sie werden immer mal wieder an riesigen Bergen von Abfall vorbeikommen, die sich mitten im öffentlichen Raum auftürmen und als zentrale Sammelplätze dienen und scheinbar einer ungewissen Zukunft, was ihre weitere Reise anbelangt, entgegensehen. Um sich diesem offensichtlichen Problem zu entledigen, sind Teile davon auch schon im Meer verschwunden.

Nicht nur mit der Produktion von Müll, sondern auch dessen Entsorgung, werden weltweit Geschäfte gemacht. Die Worte Problem und Geschäft sind in Sizilien eng verknüpft mit dem Wort Mafia. Begünstigt durch Privatisierung öffentlicher Dienste bot sich der Mafia die Gelegenheit, in neue Branchen einzusteigen. Dabei sind die klassischen Geschäftsfelder, wie Schutzgelderpressung, immer noch topaktuell und auf Sizilien, dem Ursprung der Mafia, eher Regel statt Ausnahme.

Fast jeder Geschäftstreibende, unabhängig von der Größe seines Unternehmens, ist betroffen. Sich dem zu entziehen ist kaum möglich, zu groß ist die Macht der Mafia, zu weit reicht ihr Einfluss. Personen, die sich öffentlich zur Wehr setzen, leben gefährlich. Menschen, die es trotzdem gewagt haben, sind auf Polizeischutz rund um die Uhr angewiesen. Aufgrund der Betroffenheit und der Angst schweigen viele. Und das ist, wenn auch mit anderem Hintergrund, die einzige Benimmregel, die ich Ihnen auf die Reise mitgeben möchte: Schweigen Sie besser zu diesem Thema. Natürlich gibt es Leute, die einem davon berichten.

Aber wenn Sie jemanden nicht gut kennen, sollten Sie direkte Fragen vermeiden. Sie wissen nicht, auf welche Art jemand betroffen ist und möchten sicherlich niemanden in die unangenehme Lage bringen, sich aus einem Gespräch herauswinden zu müssen. Man sollte sich auch nicht unbedingt als „Mafia-Fan" outen, weil man ein Liebhaber der grandiosen Filme ist. Zwar können Sie überall Mafia-Souvenirs kaufen, die als Mitbringsel sicher witzig sind.

Aber mit einem „La Familia" oder „Il Padrino" („Die Familie", „Der Pate") T-Shirt muss man sicher nicht durch Palermo spazieren. Es ist wohl verständlich, dass Menschen, die unter dem realen Einfluss der Cosa Nostra leiden, keine Lust haben, aufgrund Ihrer filmischen Begeisterung mit Ihnen über das Thema zu reden. Wenn Sie sich wirklich für das Thema interessieren, gibt es viele Möglichkeiten. Von Palermo aus können Sie der Geschichte der

Mafia nahekommen und einen Abstecher zu den berüchtigten Orten machen, an denen die Geschichte des Clans seinen Anfang nahm. In Corleone können Sie an einem realen Schauplatz das Museo Anti-Mafia besuchen, welches engagierte Menschen ins Leben gerufen haben. Hier kann man sich jenseits von Klischees zu dem Thema informieren.

Ihre Vorstellung von Ruhe und Ordnung müssen Sie an einem weiteren Punkt über Bord werfen: dem Verkehr. Der Straßenverkehr funktioniert anders als bei uns und erscheint einem zu Beginn einfach nur chaotisch. Ist man länger mit dem Auto unterwegs, versteht man die Regeln etwas besser und kann sich dareinfinden. Anfangs ist man entsetzt über das ständige Gehupe, vor allem als Fußgänger, der einfach nur mal wieder durch den Lärm belästigt wird. Als Autofahrer bemerkt man allerdings schnell, dass der Einsatz der Hupe nicht wie bei uns Ausdruck von Aggression ist, sondern als Kommunikationsmittel dient.

In Bezug auf den Verkehr gibt es noch ein weiteres Problem, es hängt wieder mit der Mafia zusammen. Zugverbindungen checken Sie am besten vor Ort. Palermo hat rein theoretisch eine gute Zuganbindung. In der Praxis sieht es so aus, dass viele Strecken lange Zeit oder immer wieder gebaut werden.

Da könnte man jetzt denken, dass das ja auch auf unser Schienennetz zutrifft und das Klagelied auf die Deutsche Bahn anstimmen. Der Unterschied dabei ist: Bei uns wird ständig gebaut. Auf Sizilien wird mit dem Bau begonnen. Punkt. Das war es. Da kann man mal sehen, worüber wir uns immer aufregen. Überall auf der Insel kann man lediglich gestartete Bauprojekte bewundern.

Von einstürzenden Brücken haben Sie sicher gehört. Die Benutzung von Straßen ist auch nicht ohne. Ich möchte Ihnen später einen Ausflug nach Agrigento ans Herz legen. Das ist etwa 130 Kilometer Luftstrecke von Palermo entfernt. Dahin kommt man über die Autostrada 19, die in einem großen Bogen über viele kleinere Ortschaften führt. Die direkte, kürzere Strecke ist die neue Autobahn. Ich würde Ihnen Erstere empfehlen. Es sei denn, Sie sind Verkehrsschildfetischist.

So etwas habe ich noch nie gesehen: Kilometerlang reiht sich ein Verkehrsschild ans andere. Irgendwann kommen Sie an einen Kreisverkehr und wenn Sie der Ausschilderung weiter folgen, werden Sie bis in alle Ewigkeiten dort Ihre Runden drehen. Die Autobahn endet abrupt. Insgesamt sind Sie auf der kürzeren Strecke länger unterwegs als auf der längeren Schlängelroute. Das Schöne ist, dass Sie allein auf der Autobahn sind, denn außer unter Touristen ist das Dilemma bekannt. Immerhin wird auf der eigentlich mautpflichtigen Straße auf das Kassieren der Gebühr verzichtet.

Ich weiß nun nicht, wann Sie meinen Reiseführer lesen werden, aber ehrlich gesagt mache ich mir in diesem Punkt über die Aktualität keine Gedanken. Man kann davon ausgehen, dass diese Straße auch weiterhin mautfrei bleiben wird. Die Mafia hingegen wird ihre Einnahmequellen nicht aufgeben, bis sie ausgeschöpft sind und das sind in dem Fall die Fördermittel für den Straßenbau. So schaffen die Geschäftsmodelle der Mafia teils chaotische Zustände, wie man sie in Europa nicht erwarten würde.

Im Punkt „Ordnung" können Sie nun abwägen, wie flexibel Sie mit Ihren Ansprüchen sind. Zu „Ordnung und Sicherheit" kann ich nur sagen, dass ich in keine bedrohliche Situation gekommen bin oder an irgendeiner Stelle ein mulmiges Gefühl hatte. Ich erwähnte ja schon die Sirenen der Polizeiautos, die einem ständig in den Ohren dröhnen. Ich weiß nicht, wie viele unterschiedliche Polizeiorganisationen es in Italien gibt. Es sind auf jeden Fall erstaunlich viele und sie sind stets präsent und man fragt sich, ob das eigentlich notwendig ist. Ich jedenfalls bin nachts allein mit einem Stoffbeutelchen, in dem ich meine

Wertsachen herumschlenkerte, unterwegs gewesen und hatte nie den Eindruck, dass jemand ein Auge auf mich oder meinen Beutel hatte. Erst ein paar Tage nach meiner Rückkehr von Sizilien ist mir fast vor meiner Haustür am helllichten Tage der Rucksack geklaut worden.

3. RUHE, ORDNUNG, SAUBERKEIT?

Warum sollte man denn nun diese ewigen Fußmärsche durch eine lärmende, schmutzige Stadt ohne Grün auf sich nehmen und einen Tinnitus riskieren?

Dieser Dschungel aus Stein ist so schön und man verliert und verläuft sich gern darin. Immer wieder stößt man auf Überraschungen, entdeckt Unerwartetes in jedem Winkel. Jedes Mal, wenn man überraschenderweise aus dem Labyrinth der kleinen Straßen wieder an einem Platz auftaucht, den man vermeintlich schon kennt, entdeckt man etwas Neues. Man taucht an neuen Plätzen auf, um später festzustellen, dass man doch schon da gewesen ist.

Die Gebäude sind so groß, so reich an Details, dass man sie gar nicht mit einem Mal erfassen kann. Man kann in die zweite, versteckte Ebene eintauchen, das Verborgene entdecken, was man von der

Straße aus nicht sieht: die prächtigen Innenhöfe der Palazzi, all die Schätze und Kunstwerke, die hinter den Mauern zu bestaunen sind. Als begeisterte Fotografin hat mich die Fülle und vor allem die Größe allerdings vor ein Problem gestellt. Es war mir einfach zu viel des Guten und ich habe aufgehört, zu fotografieren.

Palermo im Allgemeinen würde ich nicht als chaotisch bezeichnen, sondern als bunt und lebendig. Die verschiedenen Kulturen, die im Lauf der Zeit Palermo geprägt haben, spiegeln sich in der Vielfalt der Architektur wider. Aber sie sind nicht Geschichte. Die Diversität der Bewohner macht die besondere Atmosphäre der Stadt aus. Zumindest als Besucher hat man den Eindruck, dass hier „Multikulti" funktioniert und überhaupt nicht in Frage gestellt wird. Die Hafenstadt scheint ein Ort des Ankommens und der Hoffnung zu sein. Auch ihre Besucher empfängt sie mit offenen Armen.

Wenn Ruhe, Ordnung und Sauberkeit nicht die Kriterien sind, die in Ihrem Urlaub eine wichtige Rolle spielen, werden auch Sie sich in Palermo willkommen und wohl fühlen.

Was geht ab in „Palärmo"

Seinen Namen verdankt Sizilien vermutlich den Sikelern, die um 1500 v. Chr. von Italien auf die Insel einwanderten. Um 1000 v. Chr. ließen sich die Phönizier auf Sizilien nieder. So entstand das heutige Palermo als Stützpunkt für den Handel mit Afrika, Asien und der Iberischen Halbinsel.

Die Geschichte Siziliens ist geprägt durch Einwanderung und Eroberungskämpfe. Phönizier, Griechen, Römer, Byzantiner, Araber und Normannen bemühten sich um die Macht, hinterließen ihre kulturellen Spuren und sorgten für religiöse Abwechslung. Nach 200 Jahren muslimischer Prägung strömten im 12. Jahrhundert unter normannischer Herrschaft weitere Religionen nach Sizilien. Byzantiner, Muslime, Juden und Katholiken praktizieren ihren Glauben relativ ungestört nebeneinander. Mit der religiösen Vielfalt ist es Ende des 12. Jahrhunderts vorbei.

Auf Initiative einiger Fürsten beginnen die Schikanen von Muslimen. Entgegen seiner eigentlichen Einstellung treibt Friedrich II. die Christianisierung Siziliens aus strategischen Gründen voran. Ende des 15. Jahrhunderts werden unter mittlerweile spanischer Herrschaft die letzten Juden und Muslime vertrieben.

Alle Herrscher und Eroberungskriege hier aufzuzählen, wäre zu umfangreich. Es waren viele. Sizilien war durch seine geographische Lage für alle Großmächte im Mittelmeerraum ein Objekt der Begierde. Die verschiedenen kulturellen Einflüsse haben die Insel bereichert.

Aber auch die Ausbeutung der Bewohner und der Raubbau an früher reichlich vorhandenen Rohstoffen haben bis heute ihre Folgen. Von den ursprünglichen Wäldern ist nicht mehr viel übrig geblieben. Sie sind der Landwirtschaft und dem

Schiffbau zum Opfer gefallen. Dadurch sind die Böden ausgelaugt. Die schlechten Erfahrungen und Misstrauen gegenüber den Herrschenden werden als begünstigende Faktoren für die Entstehung der Mafia angesehen. Anhand der Geschichte kann man nachvollziehen, warum Sizilien sich vom Rest Italiens in seiner wirtschaftlichen Entwicklung unterscheidet und immer noch von Armut geprägt ist.

Wichtigster Wirtschaftsfaktor Siziliens ist trotz der ausgelaugten Böden nach wie vor die Landwirtschaft. Der größte Teil der Agrarflächen ist im Besitz weniger Großgrundbesitzer. Der zweitgrößte Wirtschaftszweig ist die Fischerei, die wegen der kleiner werdenden Fischbestände keine rosige Zukunft hat. Die offizielle Arbeitslosenquote liegt gleichbleibend bei über 20 Prozent, es gibt Vermutungen, dass sie sogar noch höher ist. Nicht erfasst sind dabei die vielen illegalen Einwanderer, ebenso wie beim Bruttosozialprodukt, welches unter der Hälfte von Norditalien liegt.

Palermo ist die Hauptstadt der Autonomen Region Sizilien und unterscheidet sich als solche mit ihren Problemen nicht vom Rest der größten Insel Italiens. Malerisch liegt sie in einem Tal an der Bucht des Golfo di Palermo von hohen Bergen umgeben. Dicht gedrängt stehen die historischen Gebäude in der Altstadt, welche im zweiten Weltkrieg beschädigt wurde. So schadhaft war sie lange nicht der Lebensmittelpunkt der Palermitaner und wurde erst durch Neuankömmlinge wiederbelebt. Es ist wohl auch dem immer noch schlechten Zustand der Gebäude zu verdanken, dass sich hier die Gentrifizierung noch in Grenzen hält. Bunte, belebte Stadtzentren sind schließlich überall eine Seltenheit geworden. In einigen Quartieren sind die Straßenbeschriftungen in Italienisch, Arabisch und Hebräisch zu finden.

Da wir gerade beim Thema Sprachen sind, muss ich Sie darauf hinweisen, dass Sie in Palermo vielleicht etwas unglücklich über Ihre Italienischkenntnisse sein werden, die Sie sich so mühevoll angeeignet haben. Man spricht Sizilianisch. Sizilianisch wird teilweise sogar als Einzelsprache und nicht als Dialekt bezeichnet. Die Einwanderer haben die Sprache mitgestaltet. Sie enthält Elemente von Griechisch, Arabisch, Französisch/Normannisch, Spanisch... .

Wie überall in der Welt gebietet es die Höflichkeit, ein paar Brocken der Sprache der Einheimischen zu beherrschen. Ich spreche kein Italienisch und habe die Erfahrung gemacht, dass Verständigung kein Problem ist. Die Sizilianer sind offen und unkompliziert in der Kommunikation. Man ist es gewohnt, dass verschiedene Sprachen gesprochen werden. Man kann sich irgendwie verständlich machen und wird nicht schräg angeschaut, wenn man kein Italienisch spricht. Ein paar Brocken Französisch und Spanisch können hilfreicher sein als Englisch, da diese Sprachen dem Italienischen näher sind. Aber wie gesagt, keine Angst vor Sprachschwierigkeiten! Man ist gewillt, mit Ihnen zu kommunizieren.

Um die Orientierung in Palermo nicht zu verlieren, orientiert man sich am besten am Straßenkreuz aus Via Maqueda und Corso Emmanuele. Wo sich die beiden Straßen treffen, sind die Quattro Canti. Alle vier Hausecken der Kreuzung sind mit unzähligen Skulpturen verziert. Man kann sagen, die Quattro Canti sind das Zentrum oder Herz der Altstadt. Darum herum kann man sämtliche Sehenswürdigkeiten zu Fuß erreichen. Seit 2014 sind die Via Maqueda und die Via Roma, zum Ärger der einheimischen Autofahrer, verkehrsberuhigte Zonen.

Wie chaotisch es in diesen Straßen wäre, würde zwischen den Scharen von Touristen noch der Verkehr wüten, mag man sich nicht vorstellen. So ist es sogar möglich, hier mit dem Fahrrad zu fahren, wovon ich an den befahrenen Hauptstraßen dringend abraten würde. Fahrräder sieht man generell selten.

Außerhalb der Stadt sind Fahrradfahrer aus sportlichen Gründen unterwegs, aber als Fortbewegungsmittel sind Fahrräder eher eine Seltenheit. Aber Palermo ist voller Überraschungen und eine kleine Gasse scheint Treffpunkt der Fahrradfreaks zu sein. Nur hier findet man Fahrradläden und Reparaturwerkstätten, gleich mehrere aneinander - ein fast exotischer Anblick auf Sizilien.

Als Tourist werden Sie hauptsächlich in der Altstadt unterwegs sein. Die Quartiere jenseits der Altstadt sind weniger ein Augenschmaus, lohnen aber dennoch einen Besuch, will man Palermo als Ganzes verstehen und einen Eindruck vom Alltag außerhalb des Zentrums erhaschen.

Möchte man dem Großstadtgewühl etwas entfliehen, ist der Besuch der Vororte Mondello und Sferracavallo zu empfehlen. Hier kann man das Ambiente von Badeort und Fischerstädtchen genießen. Wenn Sie Fisch essen wollen, gibt es keine bessere Gelegenheit dafür außer hier. In den kleinen Restaurants bekommen Sie frischen Fisch zu guten Preisen. Vom frühen Morgen bis in den Vormittag kann man die Fischerboote beobachten, wie sie an Land kommen und ihren Fang kundigen Käufern präsentieren. Da ich eine Grillmöglichkeit hatte, war das für mich natürlich auch interessant. Sich selber einen Fisch zuzubereiten wäre eine schöne Option gewesen. Leider konnte ich unter den Fischen nichts ausmachen, was sich für den Grill eignet. Mir war alles unbekannt, mein Italienisch zu schlecht und der Stand zu gut besucht, um Rezepte zu erfragen. Der Weg ins Restaurant war also notwendig und absolut lohnenswert.

Unbedingt wenigstens von außen anschauen, sollte man sich das Restaurant Charleston in Mondello. Es befindet sich in einem prächtigen Jugendstilgebäude. Das Kurhaus wurde 1912 direkt ins Wasser gebaut und ist über einen Steg erreichbar.

Wenn Sie eine Serpentinenfahrt nicht scheuen und etwas Bergluft schnuppern wollen, kann ich auch eine Fahrt nach Monreale empfehlen. Unterwegs haben sie die Möglichkeit, Palermo von oben zu betrachten. In Monreale können Sie den Dom besichtigen, ein Prachtbau in arabisch-normannischem Stil, dessen Wände mit faszinierenden Mosaiken verkleidet sind und in dem es viele Kunstschätze zu sehen gibt. Zu trauriger Berühmtheit gelangte der Dom in den 1990er Jahren, als Verknüpfungen des Bistums mit der Mafia bekannt wurden. Ein Priester wagte es sogar, den Paten Salvatore Riina mit seiner Braut zu vermählen und das zu der Zeit, als Riina per Haftbefehl überall gesucht wurde.

Als ich in Monreale war, wusste ich nichts von den Mafiageschichten. Ich habe erst nachher davon gelesen. Aber ich wurde Zeuge eines Ereignisses, was zumindest in seiner Äußerlichkeit stark an die Ästhetik der Mafiafilme erinnerte. Die Straße war von der Polizei für den Verkehr gesperrt. Als Fußgänger durfte man aber passieren. Hinter der Absperrung war eine Menschenmenge.

Ich dachte erst an eine Demonstration. Aber es stellte sich heraus, dass es sich um eine große Trauergemeinde handelte, die vor einer Kirche wartete. Der Dresscode erinnerte stark an die Mafia. Nur vereinzelt an der Kleidung einiger Jugendlicher konnte man ausmachen, dass wir uns in der heutigen Zeit befinden. Auffallend waren die Sonnenbrillen der meist älteren Männer, die in Gruppen standen.

Die Frauen standen abseits und bedeckten sich mit langen Kopftüchern. Vielleicht ist auch der im ganzen Ort allseits bekannte Fleischermeister verstorben, aber die Atmosphäre vermittelte etwas anderes. Eine geheime Verbundenheit schien von der Gemeinde auszugehen. Wer weiß ...

SEHENSWÜRDIGKEITEN

2018 wurde Palermo zur Kulturhauptstadt Italiens gekürt. Neben den vielen Kunstschätzen aus der Vergangenheit hat Palermo aber auch heute eine lebendige und aktive Kunstszene. Mit der Accademia di Belle Arti di Palermo gibt es neben weiteren Universitäten auch eine Kunsthochschule. Die jungen Künstler sind engagiert und behandeln in ihren Arbeiten die sozialen Besonderheiten ihrer Stadt. Die Kunst verschwindet nicht in der Hochschule oder in Galerien. Sie wirkt auch außerhalb und ist im öffentlichen Raum sichtbar.

Im Jahr der Kulturhauptstadt war auch die Kunstbiennale Manifesta zu Gast in Palermo. Die vielen, aufgrund der Baufälligkeit leer stehenden, aber wunderschönen Gebäude eignen sich phantastisch als Ausstellungsräume.

Die Kunst führt in Palermo zu einer Wiederbelebung der Stadt, indem sie alte Gebäude rettet, Kunstinteressierte anzieht und damit auch dringend notwendiges Geld in die leeren Kassen spült. Das ehemalige Armenhaus ist ein riesiges Gebäude am Corso Calatafimi. Einst diente es als Hospiz für die wahrscheinlich zahlreichen Mittellosen der Stadt. Heute finden hier Kunstausstellungen statt. In der Galerie der Modernen Kunst, in der Via Sant`Anna, sind Werke von Künstlern aus Süditalien vom 19. Jahrhundert bis zur Gegenwart ausgestellt.

Der Reichtum an Sehenswürdigkeiten und der Dialog der Kulturen waren die ausschlaggebenden Argumente, Palermo zur Kulturhauptstadt zu wählen. Jetzt werden Sie bitte nicht ärgerlich, dass ich mich ständig wiederhole. Den „Reichtum und die Vielfältigkeit an Sehenswürdigkeiten" habe ich Ihnen jetzt schon ein paarmal um die Ohren gehauen, ich weiß. Sie werden es begreifen, wenn Sie vor Ort sind. Auf Schritt und Tritt werden Sie darüber stolpern, nichts anderes mehr sehen.

Ich habe bis jetzt keine genaue Angabe gefunden, wie viele Kirchen es in Palermo gibt. Man merkt oft erst auf den zweiten Blick, dass man schon wieder vor einem Gotteshaus steht und bekommt den Eindruck, in jeder Straße würde eines stehen. Und jedes ist ein Koloss. Auf Wikipedia findet man eine Liste mit 85 Kirchengebäuden. Ich vermute, dass es insgesamt weit mehr sind. Viele sind verschlossen und werden nicht mehr genutzt.

Darum hier nur ein Beispiel zur Einstimmung, vielleicht ein Vorschlag für Ihren ersten Spaziergang: Sicher werden Sie an der Piazza Bellini vorbeikommen. Eine Besonderheit sind die vielen Kirchen im arabisch-normannischen Stil. An der Piazza Bellini steht als solche San Cataldo direkt neben der Admiralskirche, einem klassischen, für Palermoer Verhältnisse eher unscheinbaren Bau. So unterschiedlich diese beiden Gebäude von außen schon wirken: Gehen Sie in beide hinein - Sie werden überrascht sein und erahnen, was hier in Palermo noch alles auf Sie zukommt.

Darum möchte ich in puncto Sehenswürdigkeiten einfach auf einen klassischen Reiseführer verweisen und Ihnen raten, sich schon vor Ihrer Reise, je nach Interessenlage, ein paar feste Ziele auszusuchen. Einen Museumsbesuch zum Beispiel geht man ja selten spontan an. Idealerweise hat Ihr Reiseführer einen Stadtplan, in dem die Sehenswürdigkeiten eingezeichnet sind, dann können Sie sich beim Bummeln direkt vor Ort über die Geschichte der Gebäude belesen und dann entscheiden, wo Sie noch reingehen möchten.

Für die Besichtigung der Kirchen ist meistens ein kleiner Eintritt von 2 - 4 Euro fällig. Idealerweise werden in manchen Kirchen auch Kombikarten angeboten, so können Sie beim Besuch mehrerer Kirchen etwas sparen. Diese Tickets sind mehrere Tage gültig. Außerdem kann man es bei Überforderung so dem Zufall überlassen, welche weiteren

Kirchen man anschaut – einfach die im Kombiticket angebotenen.

Wenn Sie Interesse an Skurrilitäten haben und einem heftigem Schauer über den Rücken nicht abgeneigt sind, kann ich Ihnen den Besuch der Kapuzinergruft empfehlen. Sie diente zuerst als Grabstätte für Kapuzinermönche, bis 1837 wurden aber auch Mitglieder der gehobenen Gesellschaft bestattet. Heute kann man die einbalsamierten und seltsam drapierten Mumien bewundern, darunter auch ein kleines Mädchen, das an den Folgen der Spanischen Grippe starb. Ob Sie nach diesem Besuch in der folgenden Nacht gut schlafen werden, ist fraglich.

Darum möchte ich Ihnen noch etwas ganz besonders Schönes ans Herz legen, vielleicht auch, um die Eindrücke aus der Gruft nicht mit ins Bett zu nehmen. Wenn Sie schon mal in Palermo sind und sich für Musik begeistern, nutzen Sie die Gelegenheit und besuchen Sie die Oper!

Das Teatro Massimo ist eines der bekanntesten und größten Opernhäuser Europas. Das Gebäude allein ist einen Besuch wert und die besondere Atmosphäre kann ich nicht nur Opernliebhabern ans Herz legen. Die Eintrittspreise liegen unter denen in Deutschland. Je nachdem, für welche Platzkategorie Sie sich entscheiden, werden Sie für vergleichsweise wenig Geld ein besonderes Ereignis erleben. Es empfiehlt sich, die Karten schon im Voraus zu kaufen. Die Kassen haben tagsüber geöffnet. Sie brauchen sich keine Gedanken über Ihre Abendgarderobe zu machen. Auf einen Dresscode wird kein Wert gelegt. Dass man die besten Sachen, die man im Köfferchen dabei hat, wählt, ist wohl selbstverständlich. In kurzen Hosen und Badelatschen haben Sie vielleicht doch Probleme beim Einlass und unter den schick gekleideten Italienern werden Sie sich so wahrscheinlich auch nicht unbedingt wohlfühlen.

Das Teatro Massimo ist Ihnen vielleicht schon aus dem Film bekannt. Die Schießerei im letzten Teil des Paten wurde auf den Treppen des Teatros gedreht. Für die Innenaufnahmen musste einiges provisorisch restauriert werden. Das Theater war aufgrund verschwundener Baugelder fast 20 Jahre geschlossen.

Schon das Besteigen der Freitreppe wird Ihnen an einem lauen Abend in Palermo ein Fest sein. Feierlich angestrahlt bietet das Gebäude die Kulisse für eine unvergessliche Erinnerung. Auch hier macht der marode Zustand des Gebäudes den besonderen Charme aus. Aufgeführt werden hauptsächlich Opern sizilianischer Komponisten wie Bellini und Pacini.

Ein besonderes Highlight ist das italienische Publikum. Mit Begeisterungsrufen halten sich die Besucher nicht etwa zurück, bis die Arie beendet ist. Wenn es gefällt, darf man dem auch schon eher ungestüm Ausdruck verleihen. Vor der Pause lässt die Aufmerksamkeit aller etwas nach, denn ein wunderbarer Kaffeegeruch verbreitet sich im ganzen Haus und kündigt die Unterbrechung an.

Auch wenn das Massimo nicht mehr zu den ersten Häusern zählt, erfreut es sich seiner Beliebtheit und das Publikum ist dankbar. Am Ende der Vorstellung gibt es tosenden Applaus. Ein wunderbarer Abend, nicht nur für Opernfans. Ein wenig wehmütig verlässt man das Gebäude, vielleicht gehört Wehmut in Sizilien immer dazu. Aber Sie sind ja in Palermo und wenn Sie wollen: Der Abend fängt jetzt erst an.

ESSEN UND AUSGEHEN

In Palermo ist abends immer was los. Am Wochenende mehr, am Sonntag und Montag ist es etwas ruhiger. Wichtige Grundlage für einen guten Abend ist natürlich ein gutes Essen. Fangen wir also erst mal damit an.

Ganz grundsätzlich kann man sagen: Es ist alles lecker! Schlechtes Essen in Italien gibt es wahrscheinlich nicht. Das liegt sicher an den leckeren frischen Zutaten. Die Preise auf Sizilien sind vergleichbar mit Deutschland mit der Tendenz nach unten. Sie haben in Palermo freie Wahl, in welcher Preiskategorie Sie sich ernähren möchten. In der Altstadt selbst gibt es wenig Supermärkte und Bäcker. Wenn Sie eine Bäckerei finden, muss ich Sie unbedingt auf das Gebäck hinweisen.

Es gibt sehr exquisit aussehende Süßigkeiten wie kleine Kuchen und gefüllte Röllchen. Die Röllchen heißen Cannoli, sind aus frittiertem Teig und haben unterschiedliche Füllungen. Oft werden sie kalt serviert, immer sind sie wahnsinnig lecker! Aber auch die unspektakulär aussehenden Kekse sind der absolute Hit. Die Pasticceria Cappello in der Via Colonna ist ein Muss für Naschkatzen. Es kann vorkommen, dass man hier länger anstehen muss.

Dass es in der Altstadt nur so wenige Lebensmittelgeschäfte gibt, liegt sicherlich an den Märkten, welche nicht nur der Versorgung mit Lebensmitteln dienen, sondern auch eine Sehenswürdigkeit sind. Im Ballarò- und dem Vucciria-Markt bekommen Sie alles, wonach Ihnen der Sinn steht. Man kann sich hier nicht nur für den Tag eindecken, sondern auch gut essen. Lautstark werden die Waren angepriesen. Es herrscht buntes Treiben.

An Restaurants mangelt es nicht, vielleicht als Tipp die Focacceria Basile in der Via Bara All´Olivella und die Trattoria Ai Cascinari. Das sind zwei typisch sizilianische Lokale, wie es sie eben nur hier gibt. Hier ist es lecker, hier ist es preiswert, hier ist es laut.

Isst man in einem klassischen Restaurant, kann es etwas verwirrend werden, da wie überall in Italien hier andere Gepflogenheiten als bei uns herrschen. Wird ein „Menu Turistico" angeboten, kann man dies der Einfachheit halber nehmen - da ist alles dabei. Ansonsten ist es manchmal nicht möglich, nur einen Hauptgang zu wählen.

Vor- und Nachspeise gehören dazu und eventuell müssen auch die Beilagen extra bestellt werden. Zum Preis dazu kommt das „Servizio", die Bezahlung des Service, also der Bedienung. Mit dem „Coperto" zahlen Sie das Gedeck. Hinzu kommt dann noch das übliche Trinkgeld um die 10 Prozent, welches Sie nach der Bezahlung der Rechnung auf dem Tisch liegen lassen. In Sizilien sind übrigens alle Läden verpflichtet, eine Quittung auszustellen. Der Gast ist verpflichtet, diese mitzunehmen.

Man versucht so, der Steuerhinterziehung Herr zu werden und es kann durchaus sein, dass die Guardia di Finanzia auf der Straße nach „Ricevuta" fragt. Die Unmengen Quittungen, die man demzufolge mit sich rumschleppt, eignen sich aber sehr gut zur Erstellung eines Reisetagebuchs.

Natürlich findet man mehr preiswerte Restaurants, wenn man sich aus dem Zentrum hinausbewegt. Aber wenn man genau hinschaut, findet man selbst da kleine Läden mit sizilianischem Imbiss, wo es das Essen auf die Hand zum Mitnehmen gibt. Zum Beispiel die Arancinos. Das sind Reisbällchen gefüllt mit Fleisch oder Gemüse. Sie schmecken überall anders, daher kann man sehr viele davon essen, ohne ihrer überdrüssig zu werden.

Auch beim Essen merkt man den Einfluss anderer Kulturen. Couscous ist ein fester Bestandteil der Küche. Natürlich bekommt man auch überall Pizza - die sizilianische Variante mit dickem Boden. Einen guten Espresso bekommt man selbstredend immer und überall zu einem guten Preis.

Auch am Abend kann man sich noch preiswert versorgen. Kleine Läden haben bis in die Nacht geöffnet. Sie bieten ein paar Lebensmittel und Getränke. So kann man sich recht günstig mit einer, natürlich guten, Flasche Wein bewaffnen und durch die Straßen ziehen oder sich an einem der belebten Plätze niederlassen. Das ist überhaupt nichts Ungewöhnliches, auch die Einheimischen machen das. Die erkennt man allerdings daran, dass sie Weingläser bei sich haben.

Fazit: Man kann lecker und mit wenig Geld durch den Tag und auch durch die Nacht kommen.

Hier kommt dann jetzt mein ultimativer Tipp zum Ausgehen: Einfach losgehen! Wenn der Tag zur Neige geht und die Sonne untergegangen ist, gibt es eine seltsame Stunde in Palermo.

Es ist die Stunde der Verwandlung. Ohne jemals zu merken, wie sich diese Verwandlung eigentlich vollzogen hat, ist sie plötzlich da. In der Nacht leuchtet Palermo ganz anders als am Tag. In dem warmen, goldenen Licht der Straßenlampen sieht alles anders aus als am Tag. Viele Gebäude werden festlich angestrahlt. Man kann die Stadt von Neuem entdecken.

Das Angebot an Musikclubs mit Programm ist recht beschaulich, in Anbetracht des quirligen Lebens auf der Straße aber auch völlig überflüssig. Wer hier nicht fündig wird und auf seine Kosten kommt, ist, mit Verlaub, einfach zu doof zum Ausgehen und sollte es lieber lassen. Das Schöne ist auch hier wieder, dass für jeden etwas dabei ist. Ob elegant oder abgetragen spielt keine Rolle. Man ist gemeinsam unterwegs, jeder findet was zum Einkehren oder man bleibt einfach auf der Straße.

Es gibt kleine Läden, eher wie ein Imbiss, vor denen man draußen, an kleinen Tischen, im Stehen oder einfach auf dem Bürgersteig sein Bier trinken kann. Man kommt aber auch an Läden vorbei, in denen es Livemusik gibt.

Das meiste passiert auf der Straße. Die Plätze, die Sie tagsüber schon gesehen haben, bekommen in der Nacht eine ganz andere Funktion und Sie werden sie kaum wiedererkennen. Wo tagsüber der Markt war, sind auf einmal viele kleine Kneipen, die tagsüber gar nicht zu sehen waren. Plätze, die tagsüber leer waren, sind auf einmal mit Stühlen und Tischen vollgestellt. Essen wird auf großen Grills zubereitet, die am Tag dort noch nicht standen.

Es gibt auch eine Menge kleiner Küchen, die es offiziell wahrscheinlich gar nicht geben sollte. Hinter Vorhängen stehen in Hausfluren Kühlschränke, aus denen Getränke verkauft werden und verschaffen so manchem ein kleines Einkommen, der sonst keine

Chance darauf hätte. Die kleinen Gassen sind jetzt ruhiger als am Tag und man ist immer wieder erstaunt, wähnt sich doch manchmal als einsamer Nachtwandler, der auf seinen Wegen vom Schuss abgekommen ist. Und plötzlich findet man sich auf einem der Plätze wieder inmitten einer tanzenden lautstarken Menge. Man kommt schnell ins Gespräch mit Einheimischen oder anderen Touristen. So ergibt sich auch der nächste Anlaufpunkt, vielleicht auch in Begleitung neuer Bekannter.

Wenn Sie etwas flexibel in Ihren Reisedaten sind, schauen Sie doch mal, ob Sie so fahren können, dass Sie nach Möglichkeit eines der großen Feste mitnehmen. Ich hatte leider nicht die Gelegenheit dazu, kann mir aber vorstellen, dass da so richtig die Post abgeht. Am 15. Juli feiert man die Stadtheilige Santa Rosalia. Man ehrt sie mit einer Prozession mitten durch die Altstadt. Es soll sehr bunt und laut sein. Noch mehr als sonst?

ÜBERNACHTUNG

Übernachtungsmöglichkeiten gibt es für jeden Geschmack in allen Preiskategorien. Da es viele Touristen nach Palermo verschlägt, ist es ratsam, wenigstens die ersten Nächte von zu Hause aus zu buchen.

Wer den Lärm nicht scheut, kann in einem der wunderbaren Palazzi unterkommen. Es schadet nicht, nach einem ruhigen Zimmer vielleicht nach hintenraus zu fragen. Ob dieser Wunsch umgesetzt werden kann, ist eine andere Frage. Es gibt tolle Hotels, geschmackvoll, wie in Italien fast alles mit Stil eingerichtet ist. Charmant ist das Hotel Moderno, wobei man hier unter „modern" die Einrichtung aus den 1950er Jahren versteht. Zum Hotel gehört ein Restaurant, in dem man als Hotelgast günstiger isst.

Wer es etwas moderner, dafür auch teurer mag, dem sei das Hotel Europa empfohlen. Es liegt etwas ruhiger in einer schicken Einkaufsstraße. Sehr preiswert ist das kleine Hotel Regina. Es befindet sich im Vorderhaus eines Palazzos, in dessen Hinterhaus ein recht nobles Hotel ist. Man teilt sich den prunkvollen Eingang.

Die Zimmer sind klein und schlicht, aber nicht ungemütlich. Bäder und Toiletten werden gemeinschaftlich genutzt. Obwohl es an einer verkehrsberuhigten Straße liegt, ist es doch recht hellhörig. Dafür hat man die Möglichkeit, einen kleinen Balkon zu nutzen. Es gibt einen Kaffeeautomaten, an dem Sie den schlechtesten Kaffee der Stadt kaufen können. Aber gleich nach dem Aufstehen einen Kaffee zu trinken und das muntere Treiben erst mal von oben zu begutachten, das hat doch was für sich.

Es gibt auch zahlreiche Ferienwohnungen. Wie überall finde ich, sollte man aber darauf achten, um welche Art Ferienwohnung es sich handelt. Wohnungen sind zum Wohnen da und nicht für Feriengäste. Es gibt aber auch Anbieter von Ferienwohnungen oder Ferienzimmern, die selbst die Besitzer sind und einen Teil ihrer Wohnung oder ihres Hauses vermieten und davon leben.

Dagegen ist nichts einzuwenden. Ich habe von einer Bekannten gehört, die bei einem Rennfahrer, der in den 1970er Jahren aktiv war, in einem dieser tollen Palazzi untergekommen war. Neben dem Palazzo gab es noch zwei heiße alte Schlitten zu bestaunen.

Im 15 Kilometer entfernten Sferracavallo gibt es eine Jugendherberge und einen Campingplatz in Strandnähe (Ostello Baia del Corallo und Camping Degli Ulivi). Man kann von hier aus gut mit dem Bus in die Stadt fahren.

SHOPPING

Ich bin nun nicht so der Shoppingfreak, vor allem nicht im Urlaub, denn man muss ja auch alles irgendwie nach Hause bringen. Es gibt in Palermo, wie in jeder anderen Stadt auch, die üblichen Einkaufsstraßen mit den üblichen Läden. Die finden Sie um die Gegend der Via Ruggero Settimo. Dort bin ich mal lang gelaufen, war aber in keinem Laden drin. Natürlich sehen die Schaufenster der Boutiquen um einiges interessanter aus als bei uns und auch die Möbelläden scheinen ein tolles Angebot zu haben. Aber wer kauft schon Möbel im Urlaub.

Ich kann Ihnen also nur Tipps geben, die meinen persönlichen Vorlieben entsprechen. Irgendein Andenken will ich natürlich auch mitnehmen. Da eignet sich natürlich in Italien immer Olivenöl. Am besten kauft man es bei einer der Farmen, wo es direkt abgefüllt wird. Da können Sie gleich nach einer Plastikflasche fragen.

Das ist günstiger für den Transport. Auch auf den Märkten lassen sich sicher haltbare Leckereien finden. Vorsichtshalber sollte man sich nochmal über die Ausfuhr von Lebensmitteln informieren, wenn man mit dem Flugzeug reist. Übrigens darf man auch keine Muscheln oder Sand außer Landes bringen. Es muss ja nicht unbedingt etwas zu essen sein. Ich habe gerne als Souvenir irgendetwas Altes. Einem schicken Fummel bin ich natürlich auch nicht abgeneigt und ich habe mich vor der Reise im Internet schon mit der Suche von Secondhandshops befasst.

Das ist in Italien leider nicht so angesagt wie bei uns. Zufällig vorbeigekommen bin ich an keinem. Die wenigen Adressen, die ich vorher rausgesucht hatte, habe ich aufgesucht, aber die Läden waren meistens nicht mehr da oder nicht so richtig das, was man sich unter einem Secondhandshop vorstellt.

Eher lohnend ist da der Flohmarkt an der Piazza Marina. Hier findet man alles, was man von einem guten Flohmarkt erwartet und Irgendetwas muss hier mit. Ich habe mir ein paar tolle alte Fotos gekauft. Die Piazza Marina ist sowieso einen Besuch wert. Hier stehen riesige Exemplare der Großblättrigen Feige. Die Bäume haben imposante Luftwurzeln, aus denen wieder neue Stämme werden. So entstehen seltsame Gebilde.

Ein Besuch der zahlreichen antiquarischen Buchläden lohnt sich ebenso. Auch hier kann man ein Souvenir ergattern, das, etwas angegilbt, Geschichte in sich trägt. Es gibt wunderschöne Bildbände, Prospekte oder Comics. Wenn man

Italienisch lernt, findet man hier eine große Auswahl an Themen, die man vielleicht mal im Italienischen beackern möchte und die unterhaltsamer als ein Lehrbuch sind.

Ein schönes Mitbringsel für Weinliebhaber ist bestimmt auch eine Flasche Wein aus einer der vielen Weinhandlungen oder direkt von einem Weingut gekauft.

Verkehr und Reisezeit

Die beste Reisezeit ist jeweils im Frühjahr und im Herbst. Der Winter ist in Palermo mit um die 12 Grad Celsius doch etwas kühl, dem deutschen Winter ist das natürlich immer noch vorzuziehen. Angenehm sind Frühjahr und Herbst.

Im Sommer kann es ganz schön heiß sein und die Strände um Palermo bieten wenig Platz für eine stressfreie Abkühlung. Meine klare Empfehlung ist der Frühling, da ist alles ganz frisch. Wenn Sie es schaffen aus der Stadt herauszukommen, werden Sie sich wundern, wie viele verschiedene Blumen an einem Straßenrand blühen können. Es duftet überall, vor allem die Zitronenbäume benebeln einen mit ihrem Duft.

Und da wir gerade beim Wetter sind, komme ich noch zu einem weiteren Tipp, was man unbedingt auf die Reise mitnehmen sollte. Der erste Tipp wären ja ganz klar Ohrstöpsel für die Nacht. Der nächste Tipp wären Badelatschen und ein kleines Regencape. In Palermo ist fast immer schönes Wetter. Aber wenn es einmal regnet, dann richtig.

Unmengen Wasser kommen vom Himmel und finden keinen Platz, um im Erdreich zu verschwinden. Aus Häuserwänden sprudeln Fontänen und es entstehen überlaufende Brunnen, die die Bürgersteige überschwemmen. Die kleinen Gassen werden zu Flüssen, in die man bis zu den Waden eintaucht. So ein Guss kann eine Weile dauern und möchte man sich während des Wartens in einem Restaurant nicht komplett betrinken, ist es gut, anderes Schuhwerk und vielleicht ein Regencape dabeizuhaben.

Auf Sizilien gibt es zwei Flughäfen. Im Osten der Insel befindet sich der Flughafen Catania. Ich habe schon von Leuten gehört, die in Catania gelandet und dann nach Palermo gereist sind. Das hat den Vorteil, das Sie dem Ätna einen Besuch abstatten könnten, der ja recht weit weg ist von Palermo. Aber die Insel ist so groß und es gibt so viel zu entdecken, dass ich Ihnen nicht empfehlen würde, das mit einer Reise abzutun, es sei denn, Sie haben sehr viel Zeit. Allein für Palermo würde ich mindestens eine Woche einplanen. Wenn es Ihnen gefallen hat, wollen sie sowieso wieder nach Sizilien und vielleicht haben Sie da Lust, eine andere Ecke der Insel zu entdecken.

Der Aeroporto Punta Raisi, ein wirklich schöner Name für einen Flughafen, ist 30 Kilometer von Palermo entfernt. Es gibt eine Busanbindung und natürlich Taxis. Der Flughafen ist klein und übersichtlich. Es empfiehlt sich, gleich hier eine Karte der Insel mitzunehmen sowie Informationen der Busunternehmen.

Es gibt unzählige Busunternehmen, die in alle Himmelsrichtungen von Palermo aus fahren. Sich im Internet schlauzumachen, ist müßig. Wenn Sie am Flughafen keine der Busbroschüren ergattern können, empfehle ich Ihnen, statt langer Internetrecherche, den Weg zum Bahnhof. Der ist zentral gelegen. Hier haben alle Busunternehmen ihre Verkaufsschalter. Dabei sehen Sie am besten, wer, wann und wohin fährt und können gleich Ihr Ticket mitnehmen. Außerdem befindet sich hier auch eine Touristeninformation, die allerdings nur vormittags geöffnet hat.

Für den innerstädtischen Busverkehr können sie Tickets an jedem Zeitungs- und Tabakladen kaufen. Dieser ist ein bisschen unübersichtlich. Es gibt nummerierte Linien und farbige Linien. Letztere sind die Touristenlinien. Haltestellen werden nicht angesagt. Wenn Sie aussteigen möchten, müssen Sie klingeln. Wenn also keiner aussteigt und die Haltestellen nicht angesagt werden, bleibt Ihnen nichts anderes übrig, als sich auf die Fahrt zu konzentrieren und die Haltestellen mitzuzählen.

Und da Sie schon mal am Bahnhof sind, könnten Sie sich auch nach den Zugverbindungen erkundigen, falls Sie einen Ausflug mit der Bahn machen wollen. Wie schon erwähnt, sind die Zugverbindungen keine sichere Nummer und auch das klärt man lieber vor Ort.

Über eine Anreise per Bahn kann man genauso nachdenken. Zurzeit dauert die schnellste Verbindung von Berlin nach Palermo ca. 25 Stunden mit viermal Umsteigen. Es gibt ein EU-Projekt „Eisenbahnachse Berlin – Palermo". Der Europäische Rechnungshof geht allerdings davon aus, dass die 2200 Kilometer lange Strecke nicht vor 2040 fertig wird.

Wenn Sie mit dem Auto anreisen, dann ja sicherlich nicht nur, um Palermo zu sehen. Es gibt von Italien aus, verschiedene Möglichkeiten nach Sizilien überzusetzen. Die Überfahrt dauert dann je nach Abfahrtshafen 30 Minuten bis 20 Stunden. Manche Fährunternehmen fahren nur in der Saison. Bei einigen variieren die Preise stark, je nachdem, wie weit im Voraus man bucht. Auf alle Fälle sollten Sie das vor allem in der Hauptreisezeit nicht dem Zufall überlassen und wenigstens vorher klären, von wo aus eine Überfahrt ohne Buchung möglich wäre.

In Palermo selbst sollten Sie wie gesagt aufs Auto verzichten. Sie schonen nicht nur die Umwelt, sondern auch Ihre Nerven. Wenn Sie ein Auto für einen Ausflug mieten möchten, stehen Ihnen zahlreiche Autovermietungen zu teils recht günstigen Bedingungen zur Verfügung. Da können Sie zuschlagen, wenn Sie sich in der Lage und guten Willens sehen, die Vertragsbedingungen auf Englisch oder vielleicht auch Italienisch zu studieren.

Und das sollten Sie auch tun. Bedenken Sie die Fahrweise und die Beschaffenheit der Fahrbahn, die Chancen für einen Schaden am Auto stehen nicht schlecht. Bei so günstigen Autovermietungen sollten Sie überlegen, auf welche Art und Weise die eigentlich ihr Geld verdienen. Am besten ist, sich für eine Autovermietung zu entscheiden, deren Namen Sie schon einmal gehört haben und die auch einen Sitz in Deutschland hat. Wenn Sie die Telefonkosten nicht scheuen, sollten Sie auch direkt telefonisch in Deutschland buchen. Das kann man natürlich auch schon zu Hause erledigen, aber die Reise schon komplett vorauszuplanen ist vielleicht auch etwas einengend.

Reisen in die Umgebung

Ich habe die Verkehrsmittel so ausführlich erwähnt, weil ich möchte, dass Sie sich nicht nur Palermo anschauen. Außerdem ist es zu weit weg, um nur für ein paar Tage dort hinzufahren. Solche Kurztrips über große Entfernungen sind nicht nur dekadent, sondern auch dumm. Sie würden viel zu viel verpassen. Und wenn Sie eine Woche in Palermo verbracht haben, wird Ihnen im Anschluss daran etwas Erholung nicht schaden.

Wenn es Ihnen also auf der großen Insel zu stressig war, wie wäre es mit Abtauchen auf einer kleineren Insel? Die Insel Ústica liegt 70 Kilometer vor Palermo. Diese ist nur 8 Quadratkilometer groß und ein Paradies für Taucher. Die Gegend um die Insel ist Italiens erstes Unterwassernaturschutzgebiet.

Meerestiere und -pflanzen finden hier hervorragende Bedingungen. Der Fischfang ist strengstens verboten. Im Sommer verschwinden die rund 1300 Inselbewohner unter Massen an Touristen, die sich auf der Insel tummeln. Die Insel selbst ist wunderschön, es gibt nur kleine Hotels und Ferienwohnungen, aber keine Badestrände. In 5 Stunden kann man um die ganze Insel wandern. Die Überfahrt von Palermo dauert etwa 2,5 Stunden. Man kann sogar sein Auto mitnehmen, was allerdings aufgrund der Größe der Insel etwas übertrieben scheint.

Überall auf Sizilien finden Sie archäologische Stätten mit griechischen Tempeln. An der Südküste befindet sich eine der beeindruckendsten Tempelanlagen. Sie ist besonders malerisch am Meer gelegen. Agrigent gehört zum UNESCO-Weltkulturerbe. Schon Goethe besuchte diese Anlage und erwähnt sie in seiner „Italienischen Reise". Die dorischen Tempel sind sehr gut erhalten. Besonders imposant ist der Tempel des Zeus. Das Gebälk wurde von großen Atlanten gestützt. Eine Rekonstruktion liegt zwischen den Tempelruinen. Wie ein gestürzter Gott liegt er da und verstärkt die mystische Bedeutung des Ortes. Auch der Tempel der Hera ist sehr beeindruckend. Er steht auf einer Anhöhe, vor ihm ein Opferstein. Neben den Tempeln befindet sich noch ein altes Wohngebiet. Man erkennt hier die Überreste eines Wasserleitungssystems und Reste von Fußbodenmosaiken.

An Sommerabenden ist die Anlage lange geöffnet und wird angestrahlt. Sie erinnert dann noch mehr an eine Mondlandschaft aus einem Science-Fiction-Film. Man kann hier gut und gern einige Stunden verbringen. Zu bedenken ist, dass sich tagsüber etliche Reisebusse hier einfinden. Man tut also gut daran, den Besuch in die Morgen- oder Abendstunden zu verlegen. Auch ist es tagsüber auf dem Platz recht heiß, da es wenige Bäume gibt. Man kann sich allerdings zum Abkühlen in die alten Gartenanlagen begeben und dort im Schatten der Olivenbäume Rast machen.

Die Region um die Stadt Agrigento ist ein wichtiges Weinanbaugebiet Siziliens und damit berüchtigt für gutes Essen, guten Wein und gute Feste. In der Gegend befinden sich noch weitere interessante archäologische Stätten. Aber auch die Natur geizt nicht mit Wundern. In der Nähe des Ortes Realmonte befindet sich am Strand die Scala dei Turchi, ein großer Kreidefelsen. In dem Felsen sind Ausspülungen, die an Treppen erinnern. Mittlerweile darf man die Stufen nicht mehr besteigen. Aber der Anblick lohnt sich trotzdem. Es gibt einen Sandstrand und durch den Felsen hat das Wasser eine Farbe wie in der Karibik.

Auf dem Weg von Palermo nach Agrigento kommt man, wenn man will, durch das Städtchen Corleone. In der Stadt mit 11.000 Einwohnern gibt es, hier findet man eine genaue Angabe, 40 Kirchen. Vielleicht sind die hier vonnöten, handelt es sich doch um ein berüchtigtes Zentrum der Mafia. Bekannt wurde die Stadt vor allem durch den Film „Der Pate". Der fiktive Mafioso Vito wählt bei seiner Einreise in die USA den Namen seiner sizilianischen Heimatstadt als Nachnamen.

Al Pacino spielt den Michael Corleone. Pacinos Vater stammt zufälligerweise tatsächlich aus Corleone auf Sizilien. Wenn Sie sich für die Geschichte der Mafia in der Gegend interessieren, sollten Sie auf alle Fälle das Museo Anti-Mafia besuchen. Das Museum allein könnte etwas enttäuschend sein. Man sollte daher unbedingt eine Führung mitmachen. Nicht weit von dem Museum ist das Museo Etnografico Corleonese. Hier kann man einen Eindruck gewinnen, wie die Bauern der Gegend früher gelebt haben.

Eine Übernachtungsmöglichkeit ist das Agriturismo Terre di Corleone. Agriturismi sind landwirtschaftliche Betriebe, die auch Übernachtungen anbieten. Sie sind landschaftlich meist schön gelegen, preiswert und bieten Zugang zu regionalen Produkten. Häufig können Sie auch Verpflegung bekommen. Das Agriturismo Terre di Corleone wird von einer Kooperative betrieben. Das Gelände war, bevor es beschlagnahmt wurde, im Besitz eines Mafiabosses.

Man kann sich ja nicht immer nur der Kultur widmen, auch die Natur Siziliens lohnt sich zu erkunden. Aufgrund der schönen Landschaft und der vielen Berge könnte man meinen, Sizilien sei perfekt für Wanderer. Leider nicht ganz, denn es gibt kaum Wanderkarten und Wanderwege. Das Wandern scheint nicht des Sizilianers Lust. Eines der wenigen Wandergebiete ist der Zingaro Nationalpark. Zum Glück ist diese Landschaft heute noch so erhalten. In den 1970er Jahren war hier der Bau einer Straße geplant. Die Anwohner haben protestiert und konnten sich durchsetzen.

Schon die Fahrt von Palermo aus macht sich bezahlt. Es geht entlang an endlosen Sandstränden. Den Hauptwanderweg des Parks kann man sehr gemütlich als Tagestour absolvieren. Er geht ohne Steigungen am Meer entlang. Auch hier ist das Meer an manchen Stellen in einem karibischen Türkis. Manchmal kommt man vom Weg direkt ans Meer und kann je nach Betrieb auch mal ins Wasser springen. Interessant wird es für den ambitionierten Wanderer, wenn er diesen Hauptweg verlässt und sich in die Höhe begibt.

Für längere Wanderungen stehen einfache Hütten zur Verfügung, die man frei nutzen kann. Man sollte lediglich am Eingang Bescheid sagen, dass man hier übernachtet. Wahrscheinlich will man sichergehen, dass die Wanderer nicht von Adlern oder Geiern gefressen werden, die man hier mit etwas Glück beobachten kann.

Wandern und Kultur entdecken in einem kann man auch prima etwa 40 Kilometer von Palermo entfernt im Valle dello Jato bei San Cipirello. Es gibt eine Wanderkarte mit unterschiedlichen Routen von kurz bis lang. Sie führen durch ein Gebiet mit Ausgrabungen aus der hellenistischen Zeit.

Von hier aus könnten Sie am nächsten Tag wieder Richtung Küste fahren nach Trapani, um in die eigenartige Landschaft der Salinen einzutauchen und danach zu den Ägadischen Inseln aufzubrechen. Oder Sie nehmen in Trapani die Seilbahn... „und und und".

Ich bin nie in den Salinen von Trapani gewesen.

Ich stelle gerade fest, dass ich im Rausch der Erinnerung begonnen habe, meine nächste Reise nach Sizilien zu planen. An diesem Punkt sollte ich wohl meinen Bericht beenden. Ich hoffe, es ist mir gelungen, auch Ihnen Lust auf die Reise zu machen. Nehmen Sie sich bitte nicht zu viel vor, sonst werden Sie erschlagen von all den Eindrücken! Ich bin mir sicher, wenn Sie einmal auf Sizilien oder in Palermo waren, werden Sie wieder hinfahren. Es ist nicht einfach nur ein Urlaubsort, Sie werden für immer für Sizilien „brennen".

Mehr Infos

Wenn Sie noch nicht genug haben, habe ich Ihnen hier eine noch Liste zusammengestellt: Unterhaltsames zur Einstimmung und Nützliches zur Planung.

Internet

Auf der Internetseite *skylinewebcams.com* kann man dank Webcams schon mal einen „Blick durchs Schlüsselloch" werfen:

Webcam mit Blick aufs Wasser am Hafen von Palermo:

https://www.skylinwebcams.com/de/webcam/italia/sicilia/palermo/porto-palermo.html -

Webcam auf den Strand von Mondello, da können Sie gleich sehen, wie viel Betrieb gerade ist: https://www.skyline-webcams.com/de/webcam/italia/sicilia/palermo/spiaggia-mondello.html

Auf der Seite des Fernsehsenders ARTE gibt es ein viertelstündiges Portrait von Palermo anlässlich der Manifesta, die 2018 in Palermo stattfand. Es werden die lokale Kunstszene sowie die sozialen Umstände in der Stadt beleuchtet. Das Video ist bis Dezember 2021 abrufbar: https://www.arte.tv/de/videos/083443-000-A/palermo-italiens-kulturhauptstadt-2018/

Filme
Sollten Sie noch nie einen Mafiafilm gesehen haben, könnten Sie zur Einstimmung ja wenigstens einen anschauen. Es gibt unzählige, hier ein paar Klassiker:
„Der Pate" Teile I – III 1972, 1974, 1990
Regie: Francis Ford Copolla, mit Marlon Brando, Al Pacino, Robert De Niro u.v.a.

„Der Mafiaboss" 1972 Regie: Fernando Di Leo, mit Mario Adorf, Henry Silva und Sylva Koscina

„Der Clan der Sizilianer" 1969

Regie: Henri Verneuil, mit Jean Gabin und Alain Delon

Hier werden natürlich alle Klischees bedient, wobei **gesagt** wird, dass einige Klischees zuerst nur im Film vorkamen und dann von der Mafia dankbar angenommen wurden. Darum vielleicht noch zwei „andere" Spielfilme, die sich mit dem Thema kritischer auseinandersetzen:

„100 Schritte" 2000

Regie: Tullio Giordana, mit Luigi Lo Cascio

„Johnny Stecchino" 1991

Regie: Roberto Benigni, mit Roberto Benigni, Nicoletta Braschi, Franco Volpi, Paolo Bonacelli

Es gibt natürlich auch Dokumentarfilme zum Thema:

„Das Gesetz des Schweigens – Auf den Spuren der Mafia in Italien" ist ein Dokumentarfilm aus dem Jahr 2011 des ZDF-Studios in Rom. Er behandelt nicht nur die Cosa Nostra Sizilien, sondern auch die Camorra in Neapel und die 'Ndrangheta in Kalabrien.

„*Die 10 Gebote der Mafia*" ist ein Dokumentarfilm aus dem Jahr 2008 von Wall to Wall Media und leider nur auf Englisch verfügbar. Es geht um eine Liste mit Verhaltensregeln der Mafia, die bei einem Mafiaboss in der Nähe von Palermo durch die Polizei entdeckt wurden. Der Film beinhaltet bemerkenswert viele Interviews. Nicht nur FBI-Agenten kommen zu Wort, sondern auch ehemalige Mafiosi.

Literatur zum Thema

„*Cosa Nostra, Die Geschichte der Mafia*", S. Fischer Verlag

Das Buch ist interessant, da es sehr umfangreich ist und Zusammenhänge gut herstellt. Der Autor ist sowohl Historiker als auch Italienkenner.

Das soll es zum Thema Mafia gewesen sein, auf jeden Fall ist es ein spannendes Thema, mit dem man sich umfangreich beschäftigen kann. Aber es gibt ja noch mehr auf Sizilien und man sollte sich nicht darauf fokussieren.

Vielleicht noch ein Literaturtipp: „*Der Leopard*" ist ein Roman von Giuseppe Tomasi di Lampedusa und ein Klassiker der Weltliteratur. Er handelt vom Verlust der Macht des sizilianischen Adels. Ich habe das Buch nicht gelesen. Mit seinen 400 Seiten ist es ein ziemlicher Schmöker. Ich habe die Verfilmung von Luchino Visconti mit Burt Lancaster, Alain Delon und Claudia Cardinale gesehen. Logisch, wenn das Buch ein Schmöker ist, ist der Film ein Schinken. Man muss schon ein bisschen Filmfan sein, um eine ewig lange Ballszene toll zu finden, in der eigentlich nichts passiert. Der Film ist sehr aufwendig produziert. Viele Szenen wurden in Palermo gedreht. Man könnte die Schauplätze aufsuchen, z.B. den Palazzo Gangi-Valguarnera, wo die Ballszene spielt.

Mitnehmen

Mitnehmen sollte man auf alle Fälle ein Wörterbuch. Naja, oder man behilft sich mit einer Übersetzungsapp auf dem Handy, aber sorry, ich finde das irgendwie töricht. Es gibt tatsächlich auch ein Wörterbuch „Sizilianisch" sogar mit CD zum Üben der Aussprache.

„Sizilianisch Wort für Wort" aus der Reihe Kauderwelsch vom Reise Know-How Verlag.

Wanderkarten oder Wanderführer gibt es wie gesagt leider nicht wirklich. Karten für die wenigen Wandergebiete erhält man vor Ort. Dafür gibt es einige Fahrradreiseführer, die können ja unter Umständen auch zum Wandern nützlich sein, zum Beispiel: *„Sizilien per Rad"*, Verlag Wolfgang Kettler

Und nicht zu vergessen ist der Reiseführer, der als guter Begleiter unterwegs sowie für die

Reisevorbereitung nützlich sein sollte. Vielleicht haben Sie ja auch eine Reihe, an deren Reiseführer Sie sich gewöhnt haben und mit dem Sie bis jetzt immer gut gefahren sind. Bei mir ist das die Reihe Reise Know-How: *„Sizilien- Egadische, Pelagische und Liparische Inseln".*

Aus derselben Reihe gibt es auch einen Ratgeber zum Reisen mit Wohnmobil. Sollte man seine Reise auf diese Weise machen wollen, ist er sicher hilfreich, da in Italien das freie Campen nicht erlaubt ist. Außerdem sind Hinweise zur Beschaffenheit der Straßen wertvoll.

Reise Know-How: *„Wohnmobil- Tourguide Sizilien"*

Wenn Sie nur nach Palermo reisen, ist vielleicht ein schmales Büchlein für die Tasche sinnvoll. Der Reise Know-How Verlag bietet für diesen Zweck die Reihe CityTrip. Ein Reiseführer nur für Palermo erscheint 2021. Reise Know-How: *„CityTrip Palermo"*

„Sizilien, Kulinarische Reiseskizzen" aus dem Hädecke Verlag ist nicht nur eine gute Reisevorbereitung, sondern dient mit vielen Rezepten auch der „Reisenachbereitung"

Es gibt viele weitere gute Reiseführer, auch die Klassiker von Marco Polo und Lonely Planet. Meiner Meinung nach sollte man nicht zu sehr im Detail vorausplanen, sondern auch der Spontaneität Raum lassen. Obwohl es im Vergleich zu früher viel bessere touristische Infrastrukturen gibt, habe ich den Eindruck, dass Reisende heutzutage viel mehr zum Durchorganisieren neigen. Das finde ich irgendwie schade. Man bringt sich doch um Überraschungen und muss eventuell auf eine Neuentdeckung verzichten, weil man schon irgendwo anders gebucht hat.

Sollten Sie sich über- oder verplanen, nutzen Sie den Urlaub und lernen von den Sizilianern. Ein sizilianisches Sprichwort geht so: Wer keine Muße kennt, lebt nicht.

Gute Reise! Buon Viaggio!

Packliste

Geld & Finanzen

O (evtl.) Auslandswährung
O Bargeld
O Bauchtasche
O Brustbeutel
O Bauchtasche
O EC-Karte
O Kreditkarte
O Notfall-Telefonnummern der Banken
O Portmonee

Hygiene

O Haarbürste / Kamm
O Deo (klein)
O Shampoo
O Kulturtasche
O Sonnencreme
O Taschentücher

O Reise-Zahnbürste und Zahnpasta
O Verhütungsmittel

Kleidung

O Badeklamotten
O Gürtel
O Hosen kurz / lang
O Mütze / Cap / Hut
O Pullover
O Regenjacke
O Schlafanzug
O Socken
O Sonnenbrille
O Sportklamotten / Jogginghose
O T-Shirts
O Unterwäsche

Medikamente

O Blasenpflaster
O Anti-Durchfalltabletten
O Erste-Hilfe-Set

O Fiebertabletten

O Fiebertabletten

O Mückenschutz

O sonstige Medikamente

O Pflaster

O Kopfschmerztabletten

Unterlagen & Papiere

O ADAC Unterlagen

O Adresslisten für Postkarten

O Krankversicherungsnachweis

O Stadtplan

O Führerschein

O Unterlagen für die Unterkunft

O Wasserdichte Hülle für Reiseunterla-
gen

O Impfausweis

O Mietwagenunterlagen

O Personalausweis

O Reisepass

O Reisetagebuch

O evtl. Studentenausweis

O evtl. Visum
O Zug- / Bahn- / Flugticket

Taschen & Rucksäcke

O Koffer / Trolley / Reisetasche
O Regenhülle für Rucksack
O Rucksack

Schuhe

O Badeschlappen / Hausschuhe
O Schuhe und Wechselschuhe

Sonstiges

O Brille / Kontaktlinsen und Etui
O Buch zum Lesen
O Ohrenstöpsel und Schlafmaske
O Regenschirm
O Reisedecke
O Wasserflasche
O Wörterbuch

Elektronik

O Digitalkamera
O Handy
O Ladekabel
O Kopfhörer
O evtl. Steckdosenadapter
O Power-Bank

Herstellung und Verlag:

BoD – Books on Demand, Norderstedt

ISBN: 9783752606232

© Claudia Hapke 2020

1. Auflage

Kontakt: Psiana eCom UG/ Berumer Str. 44/ 26844 Jemgum

Covergestaltung: Fenna Larsson

Coverfoto: depositphotos.com